ITALIENNES.

Poésies Politiques

DE

CAMILLE SANT-HÉLÉNA,

Publiées par J.-P. Veyret.

Prix : 1 fr. 50 cent.

PARIS.

ABEL LEDOUX, LIBRAIRE-ÉDITEUR,

QUAI DES AUGUSTINS, N° 37.

1832.

ITALIENNES.

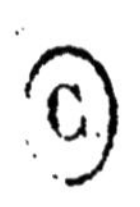

ITALIENNES.

Poésies Politiques

DE

CAMILLE SANT-HÉLÉNA,

Publiées par J.-P. Veyrat.

> Tous ces Italiens redeviennent Romains;
> Ils semblent protester devant les sentinelles,
> Qu'ils n'ont pas renié les cendres paternelles,
> Et sous les pelotons des fantassins Hongrois
> Comme au temps de Brutus ils maudissent les rois.
>
> . . . .
>
> C'est que l'on trouve écrit aux livres sibyllins :
> « On rendra l'héritage à de grands orphelins. »
>
> BARTHÉLEMY. *Némésis.*

PARIS.

ABEL LEDOUX, LIBRAIRE-ÉDITEUR,

QUAI DES AUGUSTINS, N° 57.

1832.

Il y a quelques années que je connais l'auteur de ces satires; banni de l'Italie pour avoir pris une part active dans ses drames de liberté, il vint en France chercher un asile. J'eus le bonheur de le rencontrer dans cette ville, et de lui renouveler mes sentimens d'amitié. Obligé de se rendre en Suisse pour des affaires personnelles, il m'a laissé en partant le soin de publier ses vers. Je m'acquitte de sa commission avec plaisir, et je dois à notre amitié d'assumer sur moi, en son absence, toute la responsabilité de cette publication.

J. P. VEYRAT.

Paris, 14 juillet 1832.

La Pologne est écrasée, la Belgique est aux pieds de l'Angleterre, l'Italie à son dernier râle, Paris en état de siége, l'œuvre d'iniquité semble partout consommée, et l'on croirait les peuples pour long-temps rentrés dans l'esclavage, si déjà de toutes parts l'on n'entendait les bruits précurseurs de la grande tempête. Le jour n'est pas loin où les deux principes qui se disputent l'Europe vont se trouver face à face, et où tout citoyen devra apporter la somme de ses forces dans ce duel à mort.

Je descends dans la lice, je viens aussi jeter ma pierre au désastreux système du 13 mars. L'Italie a été une de ses grandes victimes, la France est menacée d'un sort semblable; l'Italie est ma mère-patrie, la France, ma patrie adoptive; dès que j'ai pu me faire entendre, ma première parole a dû être un cri de pitié sur leurs misères et de malédiction sur les grands criminels coupables de deux assassinats politiques et de la dégradation de la France.

Si le public accueille ces essais avec quelque faveur, je rentrerai dans la carrière avec plus de courage et peut-être aussi avec plus de bonheur.

Paris, 29 juin 1832.

INSURRECTIONS ITALIENNES.

Exil.

A M. BARTHÉLEMY.

I.

Je ne t'ai jamais vu ; mais ta voix de poète
A retenti long-temps au fond de ma retraite ;
Mais dans mon cœur froissé par un maître inhumain,
Je nourris un serpent échappé de ta main :
J'ai voué les tyrans à toutes les furies !
Leurs noms ont trop souillé mes pures rêveries :
Toujours quand, méditant des accens amoureux,
Quand, poursuivant un rêve en mes bosquets heureux,
Je créais une vierge en marbre de Blanduse,
Toujours devant mes yeux leurs têtes de Méduse !
Et sous le ciel d'azur où je reçus le jour,
Où sont tous les objets de mon ardent amour,

Mais où mes pas comptés subissaient des contrôles,
L'air de la tyrannie écrasait mes épaules.
Je viens à toi. — Qui suis-je? Au bas de cet écrit,
Jette l'œil, tu liras : PATRIOTE et PROSCRIT.

II.

Ami, quand sous le chaume où j'ai laissé ma mère,
Je couvais dans mon cœur une douleur amère,
Lorsque, les yeux brûlans, je demandais au ciel
Pourquoi sur ma patrie il versait tant de fiel,
Lorsqu'entouré le soir de mes amis intimes,
Nous parlions de venger tant de saintes victimes,
Que ton heureux griffon, perçant un mur d'acier,
Arrivait jusqu'à nous, hardi contrebandier;
Dans ces momens si doux où l'on parle patrie,
Presque sous le bâton de ceux qui l'ont flétrie,
En la touchant des mains, de ceux qui sur son cou,
Pour l'étrangler à fond, étreignent le licou;
Oh! sans doute, abreuvés de honte et de souffrance,
Nous avions souvent l'œil vers le soleil de France!
Et l'an dernier, au sein du modeste réduit,
Où nous tenions l'hiver nos séances de nuit,
Que de fois du destin osant rompre les voiles,
Nous pensions voir au ciel de nouvelles étoiles,
Ou des astres tombés qui remontaient dans l'air,
Et qui brillaient plus vifs au fond bleu de l'éther!
C'est qu'alors nous songions à toi, belle Ausonie,
Qui secouais un air saturé d'atonie,
A la Pologne en feu, sur les hordes du nord,
Au tocsin du canon, jetant un cri de mort;

A l'Espagne étouffant son hydre monacale,
Qui tatoua de sang sa terre virginale.
De là quand nos regards se retournaient soudain,
Vers notre sol de cendre et notre ciel d'étain,
A l'aspect de ce corps promis aux funérailles,
Nous sentions un poignard au fond de nos entrailles!

III.

Et puis, quand, fatigué de mes pensers du jour,
J'invoquais pour la nuit quelque songe d'amour,
Toujours d'un souvenir le magique fantôme
Me montrait mon pays comme un cadavre d'homme!...
Il se dressait dans l'ombre au chevet de nos lits,
Serrait tous nos pensers dans ses immenses plis,
Au vin de nos repas mêlait son amertume,
Et jetait dans nos cœurs la poudre et le bitume.
Oh! quand notre Italie, au fond de ses tombeaux,
De tous ses siècles morts remua les lambeaux,
Lorsque dans son ciel bleu, propice météore,
Je vis un jour passer un rayon tricolore,
Oh! ce jour inonda mon cœur de volupté!
Je courus embrasser la sainte liberté
Et je bondis du sol de mon pays esclave
Au cratère fumant d'où jaillissait la lave!
Italie, Italie, ils en avaient menti
Les traîtres qui disaient ton peuple anéanti.
Méduse des tyrans, sortant d'un mausolée,
Je l'ai vu secouer sa tête échevelée!
Je l'ai vu, j'ai flotté dans son grand tourbillon!
Il avait de ses dents trituré son bâillon;

Il semblait que le jour marqué dans le grand livre,
Où Dieu bénit l'effort d'un peuple qui veut vivre,
Allait luire pour nous..... Il n'était pas venu !
Un vent souffla du nord qui laissa le sol nu,
Qui sécha dans son sein tout germe près d'éclore
Et balaya dans l'air le rayon tricolore.

IV.

Alors, quand Menotti, sous la main des bourreaux
Au ciel eut exhalé son ame de héros,
Quand le sort dans nos mains eut brisé notre lame,
Que, poursuivis partout par le fer et la flamme,
Malheureux fugitifs, à la patrie en deuil
Nous eûmes adressé notre dernier coup d'œil,
Il fallut tous partir!... et moi, belle Italie,
Quand ma main dans ton pouls ne trouva plus de vie,
Je maudis tous les dieux... — Je jetai sur mon dos,
Mon sac et mon fusil que m'offrit en cadeaux
Un chasseur au cœur franc, l'ami de mon jeune âge;
Je pris mon feutre noir, mon habit de voyage,
Mon gros bâton de houx et ma gourde de bois;
Je pressai sur mon cœur tous mes amis trois fois,
Et je leur dis : Courage, amis, de l'espérance !....
Et des larmes coulaient de mes yeux en silence.....
Premier moment d'exil! larmes de désespoir,
Dans le sein maternel qu'on ne doit plus revoir!
Premiers pas hors du sol qui fut notre patrie!
Que vous pesez encor sur mon ame flétrie!....
Quand j'eus à mes amis cent fois touché la main,
Je serrai ma ceinture et me mis en chemin.

Soient maudits les tyrans! engeance de vipères!
Ils nous ont exilés des tombeaux de nos pères,
Sans nous laisser le temps d'emporter dans nos bras
Les os de nos aïeux qu'ils souillent de leurs pas.
J'arrivai dans ton sein, noble pays de France,
Que j'avais tant rêvé dans ma folle espérance,
Moi l'esclave échappé par un coup de hasard,
Chasseur indépendant, agreste montagnard!
Mais, dans ton Élysée où l'étranger s'oublie,
Un cri tonne toujours dans mon cœur : Italie!...
Italie!... Aujourd'hui comme le premier jour
Je n'entends que ce cri qui résonne toujour.

V.

Un jour pourtant, — c'était quand une chaude haleine
Ramenait les trois jours de la grande semaine,
— Un billet me parvient daté de mon pays...
Je ressens un frisson... Puis je l'ouvre et je lis :

« A toi qui vis errant sur la rive étrangère!
Que la terre d'exil te soit douce et légère!
   Ami, console-toi!... Fais courage! le sang
Du peuple a sous leurs pas rendu le sol glissant.....

Oui, partout où leurs mains ont semé la tempête,
Le torrent de l'orage à déborder s'apprête....
Dans le baril que veille un soldat vagabond,
La poudre pour tonner n'attend plus qu'un charbon...
Il est temps! si tu veux voir la lave allumée,
Viens, notre ciel déjà se noircit de fumée!

Les tyrans, de nos fers ne tiennent qu'un seul bout,
Le jour du peuple arrive et la vengeance bout. »

Et je courus encore offrir à ma patrie
La source de mon sang qui n'était pas tarie,
Et je me demandais, le long de mon chemin,
Si la France aiderait l'inquisiteur romain,
Et laisserait encor jouer par l'Allemagne
Un autre acte sanglant du drame de Romagne;
Spectatrice dont l'œil voit des peuples périr,
Qui crie et bat des mains quand l'acteur sait mourir!...

Hélas! ce fut toujours la même ignominie,
Et pire encor! la France aida notre agonie!...
Et moi, quand, fugitif pour la seconde fois,
Je ramenai ma barque aux rivages gaulois,
Où, brisé de douleur, je revenais descendre,
Je ne vis sous mes pas que ruine et que cendre!

VI.

Les Polonais trahis, mais riches de lauriers,
Traversaient l'univers en pélerins guerriers;
Pour essuyer leurs fronts mouillés par le voyage,
Les peuples se pressaient aux lieux de leur passage,
Et leur criaient : Honneur! — Seule en dehors de tous,
Comme dans la forêt un troupeau de hiboux,
Des docteurs de la loi l'ignoble coterie
Pensait ressusciter la grande allégorie,
Et faire dire aussi de ce peuple géant,
Comme l'on dit du juif : *le Polonais errant!*

Et quand ce peuple fort, brisé par la tempête,
Au seuil de leurs palais où dansait une fête,
S'écriait : Ouvrez-moi ! — Leur seuil ne s'ouvrait pas,
Rien ne tombait pour lui des mets de leurs repas ;
Des laquais lui jetaient cette horrible parole :
« Dieu vous bénisse, allez ! l'on n'a pas une obole. »

Ils ne savent donc pas, les malheureux qu'ils sont,
Que le cœur d'un proscrit est pur de tout affront,
Que s'il est exilé des lieux qui l'ont vu naître,
Ce n'est pas pour avoir baisé les pieds d'un maître,
Jeté l'arme et la poudre aux heures du trépas ;
Que son cœur est brûlant d'honneur, et qu'il n'est pas
Dans sa poitrine en feu que la balle a meurtrie
Une goutte de sang qui ne dise : Patrie !...
Malheur !... Si les Français étaient tous des Guizots,
Bannis riches de gloire ou sauvés des cachots,
Avant de mettre un pied sur la terre de France,
Tous, il faudrait au seuil, abjurant l'espérance,
Après avoir quitté le toit de ses aïeux,
Se goudronner l'ouïe et se crever les yeux.

VII.

Pauvre France ! semblable au Christ à l'agonie,
Un Judas t'a vendue, un Pierre te renie,
Et ne doit racheter son crime qu'à la voix
Du coq, lorsqu'il aura chanté jusqu'à trois fois.
Un manteau de haillons recouvre tes épaules,
Dans ta puissante main qui tenait jusqu'aux pôles

Les empires des rois comme dans un réseau,
Les traîtres ! ils ont mis un sceptre de roseau !
Ils ont traîné ton front, de leur main scélérate,
De chez Anne à Caïphe et d'Hérode à Pilate ;
Tes docteurs de la loi, peuple par l'or pourri,
T'ont fait meurtrir de coups, livrée au pilori ;
Ont planté dans ton front la couronne d'épine,
Et te frappant des mains ils t'ont crié : Devine !
Puis, pâle, décharnée et livide de sang,
Les deux bras enchaînés par un câble puissant,
Dans un état piteux d'horreur et de souffrance,
Ils t'ont montrée aux rois et dit : *Voilà la France !*
Les peuples ont frappé leur poitrine, et les rois
Répètent sourdement : Qu'elle soit mise en croix !
La France cependant, dans sa lente agonie,
Sous le couteau des rois, seule avec son génie,
Le cœur saignant, s'en va vers ses fils bien-aimés,
Et leur dit toute en pleurs : Mes enfans, vous dormez ?
Ils dorment ! — mais le jour où la sainte-alliance,
Pour tuer un principe immolerait la France,
Le jour où ce messie à son dernier adieu,
Cloué sur une croix rendrait son ame à Dieu,
Les peuples hurleraient avec des cris funèbres,
Et l'univers entier se fondrait en ténèbres !.....

VIII.

Poète ! ils ont trop bien mérité ton courroux
Les geoliers dont le poing tient la France aux verroux.

Poursuis ! porte la flamme au fond de leurs repaires,
Ta patrie et le monde ont béni tes vipères !
La France, en écoutant les chants de Némésis,
Croit déjà voir au loin l'ombre d'une oasis,
Quand tu touches leurs corps étendus sur la claie,
Chaque vers qui les brûle est un baume à sa plaie.
La vengeance est ardue et son fouet tout-puissant
Demande un homme fort.... le ciel t'a fait géant !

A UN PRISONNIER D'ÉTAT.

Causeries.

Douze mois d'amitié, de bonheur, de patrie,
D'intime liaison d'aucune ombre flétrie,
Puis une heure d'adieux ! maintenant tout fini !..
Toi gémissant aux fers d'un cachot, moi banni !
Point de lettre, aucun mot venant de l'un à l'autre !
Oh ! sur le trône abject où ton tyran se vautre,
Que n'eus-je pas donné pour que mon vers rongeur
Se dressât dans son foie, inflexible vengeur,
Pour qu'il lui fit souffrir, haletant sur le gouffre,
Une nuit seulement..... tout ce que mon cœur souffre !
Je puis dormir en paix, aurais-je dit en moi,
J'ai vengé mon ami par les remords d'un roi !
Mais son cœur de monarque est un cœur de vipère ;
Je le sais, et voilà ce qui me désespère :
Vainement j'ai crié, mon vers est impuissant,
Rien ne peut l'émouvoir, car il n'a pas de sang.

Oh! je voudrais, ami, pourtant un jour encore,
Te dire cœur à cœur l'ennui qui me dévore,
Le souci dont ma tête est brûlante aujourd'hui,
Et le rayon d'espoir qui dans mon ame a lui.
Ce jour!... s'il faut aussi de nos cœurs le proscrire,
Quel bien nous reste-t-il, sinon de nous écrire?
Hélas! et les verroux ont-ils de la pitié,
Laisseront-ils passer les mots de l'amitié?
Non! — mais écoute : au mur de ta prison stérile,
Un oiseau, chaque été, suspend son nid d'argile.
Un proscrit détenu long-temps sous tes barreaux,
Pour distraire son cœur des fers et des bourreaux,
Prit un de ses petits qu'il nourrissait de miettes
Que sa faim oubliait, le soir, dans ses assiettes.
Cet oiseau maintenant est à nous, et demain,
Au coucher du soleil, tu le verras; ta main
Recevra mon billet d'un message fidèle,
De l'oiseau des proscrits, d'une jeune hirondelle;
Aime-la, donne-lui de l'eau de tes repas,
Son cœur n'a rien de l'homme, il ne trahira pas.

Que t'apprendrai-je, ami? Tu le penses sans doute,
Que j'ai rêvé de toi tout le long de ma route,
Et que, rongé souvent de chagrins sur ton sort,
Je me suis demandé : Que fait-il dans son fort?
Combien doit lui sembler peu de chose la vie,
Dans les fers, au pouvoir de la royale envie,
Sans amis!... et combien son œil doit être amer,
Au fond de sa cellule avec trois aunes d'air!
Puis mon cœur sur les rois débordait d'anathème,
Et le long du chemin, je pleurais, car je t'aime,

Car je me souvenais qu'étant ensemble un jour,
Tu m'avais confié tous tes rêves d'amour.
Que j'avais avec toi bu dans le même verre,
Et que sans toi mon cœur était triste et sévère.

Te souviens-tu, dis-moi, quand d'un roc abrités,
Nous parlions de Paris la reine des cités ?
Au hameau de J****, sous une fraîche arcade,
A l'ombre du ruisseau qui tombait en cascade.
Tu disais : « Oui, c'est là, sous le géant d'airain,
Que je voudrais poser mes pas de pélerin,
J'aimerais à toucher les rives de la Loire,
Les ondes de la Seine et la colonne-gloire.
Puis chez ce peuple ardent, fort de sa puberté,
M'enivrer une fois d'arts et de liberté. »
Tu ne sais pas combien folle était l'espérance
Qui tournait tous tes vœux vers la cité de France.
Va, tu n'es qu'un enfant ; nous, peuple montagnard,
Nous ne sommes pas faits pour vivre de son fard,
Pour respirer son air, sa vie alcoolique
Ses passions d'un jour dans l'arène publique ;
Son phosphore bientôt sécherait nos poumons,
Nous mourrions dans l'exil sans plus revoir nos monts !
La soif de voyager me brûlait aussi l'ame,
Je voulais voir le feu qui jetait tant de flamme.
Eh bien ! ami... j'ai vu dans toute sa hauteur,
La France s'ébattant comme un gladiateur
Et râlant dans l'arène, un fer dans la poitrine,
Aux acclamations de l'impure doctrine !
Elle, reine du Nil, de Rome des Césars,
Et qui dominait tout : peuples, rois, dieux, hasards,
La voilà ! vain objet de haine et de risée,

Sous mes regards, sanglante et cadavérisée !
Et quand le sein gonflé de honte et de douleur,
J'ouvre la bouche aussi pour m'écrier : *malheur !*
Et quand pour l'avenir où le siècle s'élance
Je viens jeter aussi mon vers dans la balance,
Comme un homme debout devant un assassin,
Un frisson de terreur palpite dans mon sein.
Oh ! c'est que ce pays est plein de Bélisaires,
Que le peuple se roule en d'horribles misères,
Que les heureux repus d'ignobles voluptés,
Dans des lits fastueux dorment tout hébétés,
Tout gorgés d'or sué par le peuple..... Eh ! qu'importe ;
Quand même par la faim acculé sur leur porte,
Le peuple irait crier *misère* en leur palais,
Qu'importe, ils mangent bien, ils digèrent en paix ?
Lors même que du sein d'une poitrine ardente
La plainte rugirait comme le vers du Dante,
Ils nous diraient qu'il ment l'oracle de la faim ;
Car le peuple est heureux lorsque leur ventre est plein,
Et sur la plaie, au lieu d'appliquer la charpie
Le pouvoir a posé son ongle de harpie.

Et la liberté ? — Morte !... Ils ont su la broyer.
La gloire ? — Elle n'est plus qu'un monument guerrier,
Un géant dont le front sauta dans la tempête,
Mais dont ils n'ont pas pu ressusciter la tête.
Un geolier règne ici ! — Tous ces ardens tisons
Qui réchauffaient nos cœurs, jaillissent des prisons,
Au poids d'un or sali la vérité s'achète ;
Le pouvoir toujours rôde autour d'elle, en cachette,
Puis, quand il la surprend vieillie ou faible encor
Il essaye à sa bouche un puissant bâillon d'or ;

Et, si d'un bras de fer sur son infâme joue,
Elle assène un soufflet qui l'étende en la boue,
Alors le séducteur, le visage encor chaud,
La fait saisir de force et la pousse au cachot !
Misère ! trahison ! étrange ignominie !
Tout s'écroule, tout meurt, hormis la tyrannie !...

Un peuple insoucieux, oubliant aujourd'hui,
Qu'hier le sol ardent tremblait encor sous lui,
Semblable au peuple vain où tonnait Demosthènes,
Qui, bloqué par Philippe, aux carrefours d'Athènes,
Demandait en riant : *Que dit-on de nouveau !*
Qui, sans plus de souci, s'en va crier *bravo*,
Au théâtre, au moment qu'un drame est à la rue !
C'est tout !... et moi l'enfant d'un peuple à la charrue,
Moi, qui me croyais libre, en ma simplicité,
Quand j'entendais crier en tout lieux : Liberté,
Te dire quelle fut la peine de mon ame,
Quand la première fois j'assistais à ce drame,
Ami, c'est impossible ! Oh ! ne l'exige pas.
Mes pleurs en ont trempé le vin de mes repas,
Et mon cœur dégoûté de tout et de moi-même
Sur toute notre race a versé le blasphème !
Résigne-toi ! l'on n'a dans ce large horizon
Pas plus de liberté que toi dans ta prison.

AU PAPE.

Lorsque le roi David, le poète des psaumes,
Commit jadis un crime horrible entre les hommes,
Par le vent de la mort Juda fut desséché :
Le Seigneur au coupable envoya son prophète ;
Le prophète parla... Le roi couvrit sa tête
Et dit : ô mon Dieu, j'ai péché !

Mais toi qui tous les jours, au temple de Saint-Pierre,
Dans ton missel romain ou dans ton saint bréviaire,
Récites les versets qu'ont pleurés ses remords,
Tu n'as pas écouté l'oracle du poète[1],
Ni les cieux, ni la terre où couve la tempête,
Pas plus les vivans que les morts !

Non ! dans ton bain de sang, tu dors, rien ne t'éveille,
Pécheur impénitent, tu fais la sourde oreille ;

[1] On se rappelle la belle satire *Au Pape*, dans la *Némésis*

La voix de l'avenir bruirait comme un volcan
Que tu croirais entendre ou l'orgue monotone
Qui t'endort à Saint-Pierre ou quelque vent d'automne,
Qui passe au toit du Vatican.

Mais quand ton peuple crie et tonne
Si fort qu'il trouble ton sommeil,
A ce bruit soudain qui t'étonne,
Tu te frottes les yeux au réveil,
Et puis ta main apostolique
Ecrit au César catholique
De t'envoyer le lendemain,
Ses pandours, sa poudre et ses rentes,
Pour rentrer tes brebis errantes
A l'auge du bagne romain.

Et, dans ton zèle ardent pour les saintes doctrines,
Tu vas chercher aux ports de tes villes marines,
Non pas douze pêcheurs pauvres et les pieds nus,
Qui, palpitant d'amour, courront la terre et l'onde,
Dire au peuple qui souffre, aux parias du monde :
« Enfans, soyez les bien-venus ! »

Mais des forçats blanchis dans la cale du bagne,
Des vagabonds hideux, lèpre de la Romagne,
Des pendus par mirache échappés au gibet,
Vrais gibiers de potence, et versés dans le crime,
Plus que tous tes docteurs à chicaneuse escrime,
Ne le sont dans leur alphabet.

Et tu leur dis : « Enfans, contre la foi de Rome
Et le saint Vatican tout l'enfer s'est fait homme !

Levez-vous ! égorgez tous ses suppôts maudits !
Allez ! Je vous promets au nom du saint ciboire,
Dans ce monde, ma grâce et de l'argent pour boire,
Et dans l'autre le paradis. »

Assez, Grégoire !... Assez, pontife débonnaire !
Aux fastes des tyrans tu viens d'inscrire une ère.
Jouis des derniers jours de ton trône romain ;
Le Seigneur t'a choisi pour un terrible exemple ;
Un envoyé du ciel te chassera du temple,
Une verge de fer à la main.

L'ITALIE.

AUX MINISTRES FRANÇAIS.

Non, tu n'es pas esclave. . . . .
— *Némésis.* —

I.

Italie, Italie, ô rive bien-aimée,
Où de gloire et d'amour la terre est parfumée,
Où le poète va demander un soleil,
Le voyageur souffrant de l'air et du sommeil;
Toi qui, dans trois mille ans, par cent cultes fêtée,
As doté l'univers du feu de Prométhée;
Où l'on sent sous ses pas sourdre l'immense essaim
Des grandes passions qui brûlèrent ton sein;
Où dans tous les tombeaux, sous les murs du conclave,
Les cendres des aïeux bouillent comme la lave;
Terre où les pieds des rois, même après deux mille ans,
Sont rongés jusqu'aux os par tes sillons brûlans;

Montée au plus haut point qu'eût touché la victoire
Pour t'écrouler du poids de huit siècles de gloire,
Sublime de malheur, d'amour et de vertu.
O ma patrie, adieu !... car ton heure a battu !
Au fond du noir cachot où l'on va te descendre,
Courbe ton front divin et rentre dans la cendre;
Jette aux rois meurtriers ta tunique en lambeaux ;
Bientôt ils régneront sur les vers des tombeaux !...
Pour charmer tes douleurs entonne des antiennes
Et viens à tes bourreaux tendre tes mains chrétiennes !

II.

Eh ! que prétendais-tu dans tes vœux insensés?
Un pape, un roi, des ducs, n'avais-tu pas assez?
As-tu donc oublié, dans tes transports de haine,
Que la liberté n'est qu'une fille mondaine,
Un fantôme d'enfer que pour un affreux but,
Dans une heure fatale, a créé Belzébuth?
Tu ne sais pas l'abîme où tendait ta démence ;
Rends grâce à ton pontife et bénis sa clémence;
Sans lui, sans les pandours dont François t'accabla,
Tu te ruais sans voir et le gouffre était là !
Mais il a fait partout offrir des sacrifices,
Ses moines ont pour toi récité leurs offices,
Le sang expiatoire est monté jusqu'au ciel
Dans l'ame du Seigneur neutraliser le fiel ;
De fervens orémus, des hymnes, des cantiques,
Ont appelé la foudre au front des hérétiques.
Le fléau par le ciel et le sabre exilé,
Le saint-père ouvrira l'urne du jubilé

Pour en verser les flots de sa miséricorde :
Les tenailles, le feu, les gibets et la corde,
Et mille autres douceurs dont le saint Albani
A donné l'avant-goût à ton peuple béni.
Ainsi courbe ton front, bienheureuse Italie!
Tais-toi, prends le calice et bois jusqu'à la lie!
Grégoire descendra dans ton obscur séjour ;
Il ira te porter des paroles d'amour;
Tu seras son épouse, et quand de pleurs noyée
Ton ame fléchira par le destin broyée,
Oh! ton consolateur ne te faillira point!
Sa main pour te nourrir viendra toujours à point ;
Et pour sécher les pleurs qui te coulent de l'ame,
Dans ton orbite éteint il portera la flamme.
Fais plier ton grand cœur aux remords pénitens;
Avant de te lever, sous la potence, attends
D'avoir un siècle encor, sous les plis d'un suaire,
Aux pieds d'un crucifix, récite ton rosaire!

. . . .

. . . .

III.

Arrière ! Laissez-moi dans mes brûlans ennuis !
Je veux à vous maudire éterniser mes nuits;
Je veux, dans ma poitrine, amasser un orage
Si gros qu'il en éclate un ardent cri de rage,
Un son désolateur qui vibre en votre sein
Comme un timbre infernal d'un éternel tocsin!
Meurtriers qui buvez le sang comme l'eau claire,
Hommes d'iniquité, vendus à la colère

Des tyrans, laissez-moi pleurer sur nos malheurs !
Je n'ai pas pour de l'or trafiqué de mes pleurs.
Devant le corps sanglant de la Pologne morte,
Moi, pur du sang versé, je n'ai pas dit : Qu'importe !
Quand ils venaient à nous, vaincus et triomphans,
Ma main n'a pas jeté la pierre à ses enfans !
De votre bouche impure épargnez-moi l'haleine ;
N'approchez pas, mon cœur vous connaît à sa haine.

Le jour que la Pologne, un poignard dans le sein,
Mourut, on demanda quel était l'assassin ;
On vous montra du doigt aux nations du monde
Et la rougeur jaillit à votre front immonde.
Dans ces drames sanglans suivis de tant de deuil,
Des mensonges de pleurs du moins vous mouillaient l'œil.
En aidant le poignard au sein de la victime,
Vous sembliez respecter notre deuil légitime ;
Vous cherchiez à tromper, par un masque pleureur,
Un peuple qui sur vous venait frémir d'horreur.
Simples que nous étions ! Spectateurs de ce drame,
Nous vous pensions encor quelque pudeur dans l'ame,
Et quelques-uns disaient : Peut-être un bras d'airain
Les empêche d'ouvrir la barrière du Rhin ;
Peut-être un grand secret fait que l'on nous oublie,
Que l'aigle reste oisif loin de notre Italie ;
Le jour viendra, sans doute, où, dans son vol brûlant,
Il s'abattra des cieux d'Arcole et de Frîdland !

IV.

Mensonge et vanité ! Tout n'est plus que mensonge !
Notre avenir si grand a passé comme un songe !

Nos yeux devaient-ils voir quand tombaient leurs bandeaux,
Des ministres français devenus des bedeaux,
Des sacristains bouffons, qui dans le saint repaire
Soutiennent aux deux coins la chape du saint-père,
Et qui pieusement, de leur doigt repenti,
Présentent l'eau bénite au hideux Bernetti?
Eh! que dis-je? La France, à sa triple journée,
Avait perdu le nom chrétien de fille aînée;
Ses ministres pieux, catholiques fervens,
Pour le reconquérir livrent la voile aux vents;
Ils vont à coups de sabre entailler et pourfendre
L'infame liberté qui renaît de sa cendre.
Une escadre est frétée! Oh! partez de Toulon,
Magnanimes guerriers, hissez pour pavillon
La bannière sans tache ou la croix constantine,
Cinglez à plein essor vers la rive latine!
Allez! car il est beau de laver ses habits,
De se baigner vivans dans le sang des maudits!
Allez! car il est doux le soleil d'Italie!
Aux pieds d'une madone, aux sons d'une homélie,
Il est doux, en tournant les grains d'un chapelet,
De saintement baiser la lame du stylet,
Pour conquérir ainsi, dans l'enceinte sixtine,
Les bénédictions de l'église latine.
Allez, braves Français! Bientôt vous reviendrez
Aux foyers paternels riches de dons sacrés,
D'indulgences, d'agnus les poches toutes pleines,
Respirer de juillet les brûlantes haleines!...

V.

Alors dans ce pays par vous doté de pleurs,
Dans ces lieux parsemés de tristesse et de fleurs,
Les pélerins errans qui suivent dans le monde
Tout sublime débris qui nage encor sur l'onde,
Verront avec terreur, aux murs du saint château,
La France de juillet pendue en *ex voto!*...
Ou bien il sera temps qu'on ressaisisse un glaive,
Qu'aux tremblemens du sol la France se relève,
Que son pied gigantesque écrase sous ses pas
Ceux qui boivent le prix du sang à leurs repas!
Vous la verrez surgir terrible et mutinée!
Malheur! si vous avez joué sa destinée!
Malheur! si vous avez, aux rois ses ennemis,
Tendu son bras de peuple à ses frères promis;
Si dans vos coffre-forts, scellés d'énormes chaînes,
Elle retrouve l'or qu'ont transpiré ses veines!
Et malheur! si le peuple, à votre front puissant,
Va lire un anathème écrit avec du sang!...

VI.

En attendant, reste à la chaîne
Avec ta robe de lambeaux,
Italie!... Ombre pâle et vaine
De celle qui dort au tombeaux!
Avant de rentrer dans la lice,
Revêts la haire et le cilice

Pendant encor deux ou trois ans;
Le saint conclave attend sa proie,
Au pontife livre ton foie,
Tes entrailles aux courtisans!

Puisque tous ces dieux de la terre,
Que l'on abreuve avec du sang,
Posent leurs griffes de panthère
Sur ton sein mâle et rugissant,
Fais la morte, ô belle Italie!
Que leur troupeau coure et s'oublie
Dans tes milliers de Vaticans;
Tous ces rois à lèvre rougie,
Avant qu'ils aient fini l'orgie,
Seront mangés par tes volcans!

Dors, ô ma mère bien-aimée,
Ou dors, ou feins de sommeiller!
Aux coups de la bombe allumée,
Dors, nous irons te réveiller!
Et dans l'arène meurtrière
Les yeux de notre terre entière
Verront une nouvelle fois
Si tout un peuple qui s'élance
Ne peut donc pas, dans la balance
Peser quelques crânes de rois!...

Encore une autre fois esclave!
Encore une fois dans le deuil!
Fais silence! — Amasse ta lave
Dans les parois de ton cercueil.

O ma douce Italie ! Espère :
La cruauté de ton saint-père,
La rage de tes Albanis,
Avec leurs fers et leurs potences,
Sont moins grandes, sont moins intenses
Que l'amour saint de tes bannis !

VII.

Comme ton doux Virgile à suave harmonie,
Je n'ai pas de mes chants fêté la tyrannie ;
Oh ! va, je n'écris pas mes vers
Pour les pandours des rois, broyant les fruits précoces ;
Mais pour les peuples morts entre les dents féroces
Qui se tiraillent l'univers.

Sèche tes pleurs, ma belle, et cache ta blessure ;
Souris à tes tyrans, que ton œil les rassure ;
Module tes beaux vers à leur festin maudit.
Quand ils trébucheront ivres dans les tavernes,
Fais tomber hardiment leurs têtes d'Holophernes
Dans le tablier de Judith.

Et puis nous danserons, d'un pied joyeux et libre,
Aux bords du Tanaro, de l'Adige et du Tibre,
Et le ménétrier prendra pour escabeau
Les morceaux disloqués de la chaire papale :
Car, le pied dans le sang, le pontife au front pâle
Aura glissé dans le tombeau.

Alors les nations, par l'amour fécondées,
Auront déjà grandi de cent mille coudées ;
Le monde aura repris l'empire de ses droits,
Et les peuples amis, dans le double hémisphère,
Voteront de concert le jour anniversaire
Du grand auto-da-fé des rois !

A M. DE CHATEAUBRIAND.

I.

Je te lisais souvent au bord de ma fontaine,
Quand la brise du soir vient fraîchir votre haleine,
Quand le soleil se couche au loin dans un ciel bleu,
Et qu'un dernier rayon de vie et de lumière,
A cette heure d'amour, glisse sur la paupière
Comme un dernier adieu.

Aux pieds de mon rocher d'où la cascade tombe,
Sous les saules penchés qui pleurent sur la tombe,
Et sur mon lac tranquille au flot doux et serein,
Lorsque tu voyageais de l'un à l'autre monde,
Je suivais de mes vœux ta course vagabonde,
Immortel pélerin !

Et puis je m'arrêtais avec toi sur les pierres,
Pour voir, pour méditer, pour pleurer les poussières
Qui furent une fois cités et nations !

De l'Ohio jusqu'à nous, des Natchez à Solyme,
Partout, sur les débris où ton astre sublime
A jeté ses rayons,

J'ai rêvé, médité, pleuré de douces larmes !
— Mon cœur n'avait jamais, avec autant de charmes,
Suivi dans aucuns lieux les pas d'un voyageur !
— Oh ! je savais tes chants ! ta voix m'était connue !
Jamais muse du ciel ne fut si bien venue
Et de mon ame et de mon cœur !

Un jour, au pied d'un arbre, à ma jeune Marie
Je lisais Atala ! — La terre était fleurie,
Le ciel pur, l'ombre fraîche, elle.... heureuse d'amour !
Elle pleurait ! — Fleur douce, à peine épanouie !
Je pleurais avec elle.... et mon cœur dans sa vie,
Te doit son plus beau jour !

II.

Et depuis, quand l'amour eut tari dans mes veines,
Quand je vins demander à des ombres moins vaines,
A la gloire, à la liberté,
Un autre sentiment qui brûlât dans mon ame,
Et la fît palpiter avec autant de flamme,
Avec autant de puberté,

Lorsque ta voix tonnait dans un sublime rôle,
Et jetait à la terre une grande parole,
Je t'aimais sur tous les humains !

Car ce que tu bâtis sur le roc ou le sable,
Sur les flots ou dans l'air, tout reste impérissable,
Tout ce qui sort d'entre tes mains !

Car parmi les élus du ciel et du génie
Tu fus sublime et grand d'amour et d'harmonie,
Le peuple te donna sa foi,
Et dans ses jours de gloire ou de souffrance terne,
Parmi ses fils, jamais notre Athènes moderne
N'en nomma de meilleur que toi !

Et moi, triste, exilé de mes rochers sauvages,
Qui ne reverrai plus les bien-aimés rivages
De la terre où sont mes aïeux,
Quand je vins à Paris : au seuil de ta demeure,
J'allai t'attendre un jour, — tu ne vins pas à l'heure !
Et je m'en allai soucieux !

Et quand la nuit tomba sur la ville inquiète,
Par la publique voix j'appris que le poète
Ne sortait plus dans la cité,
Que des geoliers avaient touché ses auréoles,
Lui dont l'ame était grande et dont tant de paroles
Furent des cris de liberté !

Mais dans Paris entier, — jusqu'à ce que le monde
Trouve un mot pour flétrir cet ostracisme immonde, —
Tout ce qui pense et porte un cœur,
Tout ce qui sait les noms de patrie et de France,
De liberté, de gloire, au bruit de cette offense,
A jeté son rire moqueur.

Nous savions tous que sur ta joue
Leur souffle passait sans affront,
Bien que dans la fange et la boue
Ils se soient trempés jusqu'au front!
— Liberté, victoire, espérance,
Honneurs et gloires de la France,
Étoile amie à l'horizon,
Ils avaient tout éteint!.... ton astre
Luisait encore sur ce désastre,
Ils l'ont caché dans la prison!

En soufflant le feu sur la poudre,
Dans leur audacieux dessein,
N'ont-ils donc pas craint que la foudre
Vînt à s'éclater dans leur sein!
Eux qui, les yeux sur le Nord sombre,
Tremblaient quand ils voyaient une ombre
Passer au front de l'empereur,
Auraient-ils voulu dans la ville
Rallumer la guerre civile
A la torche de la terreur?....

Avant que de broyer notre charte en poussière,
Insensés! s'ils avaient détourné leur paupière
Vers le tombeau civil que baigne l'Océan,
Sans doute, ils auraient dit, devant ces grands naufrages,
Que pour signer de telles pages
Il faut une main de géant!....

III.

Oh ! quand il te disait : « Pourquoi fuir ta patrie,
Chateaubriand, pourquoi fuir nos vœux et nos soins?
N'entends-tu pas la France qui s'écrie :
« Mon beau ciel pleure une étoile de moins. »

Il ne pensait pas, le poëte,
Qu'on irait détacher ton astre à l'horizon,
Que tu viendrais d'exil pour reposer ta tête
Sur la paille d'une prison !....

Un soupçon contre toi pèse dans leur balance !
Mon vers imitera ton sublime silence,
Je ne descendrai pas à te justifier :
Quand la loi n'est plus rien que ruine et poussière
Il faut se renfermer en soi-même et se taire,
Et laisser faire le geolier !

Mais à l'homme commis pour fouiller dans ta vie,
Pour saisir dans tes mots la *révolte* trahie,
A lui qui demandait ton nom, ô pélerin !
Ainsi que Lamartine au tombeau solitaire,
L'on aurait pu crier : *Demandez à la terre !*...
Il est partout en traits d'airain !

Paris, 20 Juin 1832.

ÉTAT DE SIÉGE DE PARIS.

Imprécation.

I.

Ainsi vous n'avez plus qu'à vous couvrir de cendres,
Qu'à gémir et pleurer, infortunés Cassandres,
Sur la patrie en deuil !
Le ciel français si beau, vos bienheureux ministres,
Ils vous l'ont pavoisé de tentures sinistres
Comme pour un cercueil !

Lois, justice, ils ont tout profané les impies !
L'arche sainte a passé sous leurs mains de harpies ;
Le palais de César,
Quand le peuple pleurait, a resplendi de fêtes
Sans qu'une main du ciel vînt tracer sur leurs têtes
Les mots de Balthazar !

Oh ! puisque rien n'est plus debout dans la patrie,
Puissent les voix pleurer et toute main flétrie
Se dessécher aux vents;
Puissent dans les cités tomber toutes les pierres
Et les tombeaux s'ouvrir pour jeter leurs poussières
Sur le front des vivans !

Heureux ceux qui sont morts sur la rive étrangère ;
La terre de l'exil leur est douce et légère !
Tombés du lit de camp,
Au plus haut point du ciel ils ont pu voir la France !...
Sur sa base d'airain, puissans, grands d'espérance !
Et nous sur son volcan,

Ils chantaient, nous pleurons !— Heureux ceux que la gloire
A mitraillés vingt ans sur les champs de victoire,
Du Nil à Waterloo !
Heureux ceux qui sont morts dans la grande semaine,
Ceux à qui l'avenir ne montra, dans l'arène,
Qu'un seul coin du tableau !

Oh ! mille fois heureux tous les peuples esclaves,
Les peuples dont le sang ne roule point de laves,
Dont la voix n'a pas répété
Le cri séditieux : Mort à la tyrannie !
Leurs lèvres sans horreur boivent l'ignominie :
Ils n'ont pas su la liberté !...

II.

Mais nous, nous qui vivons encore,
Nous, les nations de malheurs,
Dont il faut que le sein dévore
Tant d'affronts sanglans et de pleurs !...
— Dans vos tombeaux de délivrance,
Oh ! dormez, enfans de la France,
Martyrs glorieux et pleurés !
Nous vivons.... Heureux si nos mères
Avaient au berceau, sur les pierres,
Brisé nos fronts déshonorés !

Car depuis quarante ans révolus, jusqu'à l'heure
Où j'écris ces deux vers, par tant d'affronts lassé,
Pour maintenir au ciel la liberté qui pleure,
Que de sang n'a-t-on pas versé !
Et tant de misère et de larmes,
De combats, de veilles, d'alarmes,
D'ennuis rongeurs au toit de chaque citoyen !
Tout cela pour qu'un jour, après une tempête,
L'étranger vînt vous dire, en secouant la tête :
Votre liberté n'est plus rien !

Tout cela pour qu'un jour, dans les bourbiers du monde,
La France se trouvât plongée au plus immonde ;
Pour que son drapeau glorieux,
Chez les peuples amis qu'elle nommait ses frères,
Fût l'astre précurseur des sanglantes misères
Quand il traverserait leurs cieux !

III.

France, terre adoptive, ô seconde patrie,
Quand tu m'as, dans l'exil, recueilli de tes mains,
Ne sachant où poser ma tête endolorie,
Sinon aux pierres des chemins;
Oh ! je t'aimais comme une mère,
Ton eau ne me fut point amère,
J'osai rompre le pain de l'hospitalité;
Mon cœur ne savait pas qu'un jour, triste et morose,
Je devais, en quittant ton sol d'or et de rose,
Rougir de l'avoir habité !

Hélas ! Qu'attendons-nous encore sur cette terre ?
Rentrons au sein de nos pays !
Ils ont livré la France aux coups du cimeterre
Après nous avoir tous trahis !
Qu'attendez-vous ? Partons, mes frères;
Qu'au moins nos restes funéraires
Reposent sous nos saules verts !
— Adieu donc, France, un moment libre !
Sur la Vistule, aux bords du Tibre,
Nous rentrons demander des fers !. .

Sois maudite à jamais parmi les fils des hommes;
Tu nous as renversés dans l'abîme où nous sommes,
Nous nageons sans espoir sur les écueils des mers !
Tu nous as bien punis de croire à tes caresses !
Va, nous avons goûté de toutes tes ivresses,
O France ! et tes fruits sont amers !...

Tu nous as délaissés à notre heure dernière;
La malédiction retombe tout entière
Au front de tes cités en deuil!
Ainsi puisse tomber tout peuple sans courage,
Tout peuple sourd aux cris de détresse et de rage
De ses frères sur le cercueil!

Puisses-tu, comme nous, de ta langue avilie,
Goutte à goutte épuiser l'affront jusqu'à la lie,
Ramper sur la poitrine aux dalles des cachots,
Livrer tes fils aux coups des balles militaires,
Verser amèrement tes larmes solitaires
Sur des cadavres toujours chauds!

Et quand tes ennemis lèveront leurs épées,
Puisse ton fer se rompre entre tes mains crispées,
Tes entrailles se tordre et les liens te faillir!...
Alors dans tes malheurs tu comprendras, ô France,
Quand nos cœurs haletaient d'une telle souffrance,
Les pleurs qui durent en jaillir!

IV.

Vous, essuyez vos fronts, ô bienheureux ministres!
Dormez, reposez-vous! — Vos tentures sinistres
Font le plaisir de tous les yeux!
Dormez! L'aigle français ne porte plus la foudre,
Il ne surgira plus pour secouer la poudre
Du drapeau qu'il remporte aux cieux;

Jusqu'au jour grand et sombre où les échos du monde
S'éveilleront au bruit d'une rumeur profonde ;
Où dans l'air, couronné d'une auréole d'or,
Il reviendra sublime, astre du monde esclave,
Foudroyer les tyrans qui dormaient sur la lave
Du volcan qui fumait encor....

Vendredi, 29 Juin, 7 heures du soir.

Et déjà le voici le jour de l'anathème,
Où l'on redit tout haut : Malheur à qui blasphème !...
— Non loin de l'Océan,
Sur les bords de la Somme, au flot mélancolique,
L'on aperçoit les murs d'un vieux château gothique :
C'est le château de Ham !

ÉVERAT, imprimeur, rue du Cadran, N° 16.

www.ingramcontent.com/pod-product-compliance
Ingram Content Group UK Ltd.
Pitfield, Milton Keynes, MK11 3LW, UK
UKHW020959220726
13924UKWH00002B/782